मूल स्टोलन

GENETIC OF SPRIG

सुमीत कुमार

सुमीत कुमार

सुमीत कुमार, एक वयस्क जो जीवन के कई चरणों का अनुभव करता है, एक प्रसिद्ध लेखक और नए युग के लेखक हैं। वास्तव में वह एक लेखक होने के साथ-साथ गायक, कवि, शायर, उद्धरण लेखक, गीत लेखक और एक कलाकार भी हैं। एंकर या स्टैंडअप कॉमेडियन। उनके बारे में बहुत ही रोचक और दिलचस्प तथ्य यह है कि ये नए युग के लेखक हैं यानी उन्होंने अपने लेखन की यात्रा उस उम्र में शुरू की जब वह अध्ययन करने के लिए स्कूलों जा रहे थे। उनकी 100 पुस्तकों की स्ट्रीक महान होगी भविष्य में उनके लिए उपलब्धि, उनकी कुछ प्रसिद्ध रचनाएँ यानी प्रेम की परिपक्वता (शैली _प्रेम) स्वप्न की गोपनीयता (शैली-मध्य वर्ग की जीवन शैली)।

आप नोटियन प्रेस, अबे बुक्स, इम्युजिक इन, फ्लिपकार्ट, एमेजॉन, किंडल, इंस्टेंट रीड लाइक ईबुक, किंडल, गूगल, इंटरनेशनल साइट्स और कई अन्य से भी उनकी किताब खरीद सकते हैं।

स्पॉटिफ़ पर पॉडकास्ट: @ ब्रोकन हार्ट

इंस्टा आईडी: बुकहब92

जीमेल: सुमितकुमार 88234

लिंक्डइन: सुमीत कुमार

क्रम-सूची

प्रस्तावना

मूल स्टोलन

वह एक महान जम्पर है जो कभी दिल्ली में रहता था। उनका पेशा ऐसे कई लोगों को प्रशिक्षित करना है जो खेल के इस क्षेत्र में अपनी इच्छा को समर्पित करना चाहते हैं। उनका सफर उस उम्र से शुरू होता है जब हम सब सिर्फ खिलौनों से खेल रहे होते हैं। उनके जीवन में पहला मोड़ तब आया जब उनके दाहिने पैर का टखना टूट गया। उस स्थिति में जब अन्य लोग थे तब वह हार मान लेगा और अपना सपना छोड़ देगा। लेकिन यह हीरो किसी भी हाल में कभी हार नहीं मानता। वह जाग जाता है और अपने करियर और अपनी चोट के खिलाफ युद्ध शुरू कर देता है। धीरे-धीरे वह अपनी कमजोरी को अपनी महाशक्ति बना लेता है और अपनी विशाल इच्छाशक्ति से अब तक का सबसे बड़ा जम्पर बन जाता है। जब उसे पता चलता है कि उसके द्वारा चुना गया तरीका पूरी तरह से महान और कुशल है, तो वह उन लोगों की मदद करने की योजना बनाना शुरू कर देता है जो किसी चोट या समस्या के कारण कई बार टूट गए। इसलिए अब वह दिल्ली के अब तक के सर्वश्रेष्ठ कोच थे।"मूल स्टोलन "शीर्षक उनकी यात्रा और उनके समर्पण के लिए पूरी तरह से उपयुक्त है। इस यात्रा में उन्हें जो पुरस्कार मिला। भारत में खेलों के प्रति उनके समर्पण के लिए उन्हें एक भव्य सलामी दी

जानी चाहिए।

भूमिका

"और यहाँ
की तलब
मुख्य
रोशनी
से दुरी
हुन
चांद की
खाविश में
आज भारी
महफिल में
मशूर
हुन
और दर्दी
की तालीम
तो है
मुझे रौक्ने
कि
प्रति क्या
कारू में
अपनी आदत
से
मजबूर
हुन।"

"अजीब
मोहब्बत है
तुमसे
जो रातो
के आंधा
में तोह
दीखती है

प्रति सूरज
कि
रोशनी
में नहीं।"

पावती (स्वीकृति)

सुमीत कुमार

सुमीत कुमार, एक वयस्क जो जीवन के कई चरणों का अनुभव करता है, एक प्रसिद्ध लेखक और नए युग के लेखक हैं। वास्तव में वह एक लेखक होने के साथ-साथ गायक, कवि, शायर, उद्धरण लेखक, गीत लेखक और एक कलाकार भी हैं। एंकर या स्टैंडअप कॉमेडियन। उनके बारे में बहुत ही रोचक और दिलचस्प तथ्य यह है कि वे नए युग के लेखक हैं यानी उन्होंने अपने लेखन की यात्रा उस उम्र में शुरू की जब वह अध्ययन करने के लिए स्कूलों जा रहे थे। उनकी 100 पुस्तकों की स्ट्रीक महान होगी भविष्य में उनके लिए उपलब्धि, उनकी कुछ प्रसिद्ध रचनाएँ यानी प्रेम की परिपक्वता (शैली _प्रेम) स्वप्न की गोपनीयता (शैली-मध्य वर्ग की जीवन शैली)।

आप नोटियन प्रेस, अबे बुक्स, इम्युजिक इन, फ्लिपकार्ट, एमेजॉन, किंडल, इंस्टेंट रीड लाइक ईबुक, किंडल, गूगल, इंटरनेशनल साइट्स और कई अन्य से भी उनकी किताब खरीद सकते हैं।

स्पॉटिफ़ पर पॉडकास्ट: @ ब्रोकन हार्ट

इंस्टा आईडी: बुकहब92

जीमेल: सुमितकुमार 88234

लिंक्डइन: सुमीत कुमार

1

संघर्ष का राज

आज जो कुछ भी कहने वाला हूं, ये जिश चीज को में जहीर करने वाला हूं वो सिर्फ मेरी आवाज नहीं है बाल्की पूरी इंसानियत की आवाज है जो हम के वक्त से अपने अंदर दबये हुए एक है और वहां भी है। मुराद ही नहीं, सिर्फ फन्ना को छोडकर, हर इंसान की जिंदगी में एक आयशा वक्त आता है जहां वो खुद की मुशबिटो का सौदागर बन जाता है और उस वक्त वो सिर्फ गलत रस्तो पर चलने फिर भी ऐसा ही है। से है अपनी मंजिल की मुराद नहीं होती है, धीरज जिंदगी की सबसे बेशुमार फन्ना है जो हर किशी के हक में आती है जब कोई भी सच खुद को आगे बढ़ने की कोशिश करता है, और भी ये जिंदगी एक है पर कभी किशी ने ये

सोचा है इसके के यहां भी होते हैं, जो सिर्फ हम महसूश कर सकते हैं वो भी उनकी गलतियों की वजह से पर कभी देख नहीं सकते हैं, वहां क्या मैं हूं को आप बहुत लंबे समय से सेहते आ रहे हो तोह वो उम्र जकार आपकी आदत बन जाती है, और वही आदत अब जकार एक घुतन भी कहीं न कहीं बन ही जाती है, धीरज किशी की जागीर नहीं न ही किशी की सियासत है, पर इत्तिफाक से बहुत से है इसकी मुराद हमशा एक दर्द की तालीम से ही गुजारी है जिशे हम अपनी जिंदगी में अलग अलग नामो से भी पुकारते हैं, दुनिया में हर कोई यही कहता है कि हम बश खुश रहे और जिंदा जो भी हमी है तारिके से पूरी हो जाए.पर लोग ये भूल जाते हैं की जिंदगी के भी कहीं हैं जो वक्त रहते ही सामने आते हैं

असली में कहू तो दर्द की सुरूरत भी धीरज से होती है, जहां लोग ये महसूश करने लगते हैं, हम कामजूर है, दुनिया का एक ही असूल है की ये वक्त रहते कभी भी कभी कुछ नहीं होता है। अपनी जिंदगी में और सब कुछ आधे रास्ते में ही छोड़ देते हैं, तब जो फतेह की बात वो भी कहीं न कहीं एक जंग बन कर उनके सामने आती है, जिसके लिए वो कभी कभी तयर भी होते हैं। ना चाहते हुए भी, ईश दुनिया में हर किशी की एक अपनी कहानी है, प्रति दर्द और मोहब्बत भी कहानी हमा एक ही होती है, मेहंदी तो आज सिरफ एक ऐशी तालीम बन छुकी है जिसके लिए एक पता है मैं किस्मत एक आइशी चीज है जो एक डर की फतेह को भी रंजिश ही समझौता है, एक बात मैंने महसूश की है किन दुनिया में जो लोग कफी मेहंदी अपने असूल के पक्के होते हैं और कभी कभी में नहीं करते, उन्ही के साथ हलत कुछ ऐश हो जाते हैं की वो वही पर अपनी मेहंदी का साथ छोड़ देता है जिसे उन्होन हमशा अपने साथ रखा है।

अगर जिंदगी में हरने का अहसास हो जाए तो इसका मतलाब ये नहीं की हम असलियत में आगे जाकर हर जाएंगे, इसका मतलब तो ये भी हो सकता है ना की जिंदगी अभी हम कुछ कुछ नहीं और कुछ है, और कुछ है है, अगर हलत बुरे है तो बुरे वह सही उसमे लाने में ऐशी क्या बुरा है जो हम समाज नहीं पाते, सिर्फ हलत के गिरने से हम जीना तो नहीं छोड़ सकते हैं, हम हमा एक दुसरे से यही है और क्या है, कैसे जी रहा हूं, हा बिलकुल हमारे दर्द को कोई नहीं समाज सकता में, क्योंकि जिश दर्द की तालीम हमने खुद की आंखें से देखी है वो कोई देख और कहां मेरे सामने यही क्यों करे, समाज में हमारी मेहंदी अगर दर्द बन के सामने आए तो सिर्फ बातो की पहचान बन कर रह जाती है और कुछ भी नहीं, तो इसे इससे बेहतर ये है कि हम में दर्द है अकेले आते हैं और अकेले जाते भी हैं, तो फिर अपनी मेहंदी इसलिए हम किशी और हक़दार क्यों माने हैं? क्यों हम उस वक्त ये सोच लेते हैं कि हम किशी और की भी जरूरी है, क्यों हम किशी और का हाथ थामने की कोश करते हैं, यहां हम दुनिया में हैं हम किशी और की बात करने लगते हैं, मेरे मतलब है किशी की मदद की गुजरिश, ये जिंदगी एक जंग है ये सब कहा है और ईश जंग में हम एके भी है, तो फिर कहत फिर वही वक्त की हम से बुरे होने की रंजिश करते हैं, ईमान की सबसे बड़ी तालीम ये है की हम अपनी नफ्स को कभी खुद से अलविदा ना कहे। नहीं बदलेंगे, जरूरत बदलेंगे पर हम उस वक्त कभी भी

खुद से डर नहीं होना चाहिए, अगर किस्मत के भरोसे जिंदगी जी ली जाति तो मिल्खा सिंह कभी भी फ्लाइंग सिख के नाम से नहीं जाने मैट पर क्या होगा उस वक्त आपकी किस्मत आपसे रूथ जाएगी, किस्मत में अगर कुछ लिखा है तो मिलेंगे ही, आइशी बातें वही करते हैं जो पहले से खुद की सीमा तय कर लेते हैं, और फारोग की कोई सीमा नहीं होती है दुनिया में अगर सही तारी से देखी जाए तो।

. आज कल हलत बुरे नहीं होते हैं, उसकी जग सिरफ इंसान की फिरत बदल जाती है, वो सब कुछ उस वक्त ये भूल जाते हैं कि हम पहले क्या था, सालो की मेहंदी आप ही खराब हो जाती है। हम कभी कामूर ही नहीं थे ये हम कब मानेगे, हा भले ही हलत कुछ वक्त के लिए हमारी चैट को बदल कर रख देती है, प्रति इसका मतलब ये तो नहीं की हम उसे भूल ही जाएंगे, भुल भी जाएंगे। की कहत होती है, नसीब में हर वक्त किशी चीज की तुम पन्ने की तमना करोगे तो जिंदगी तुम्हें वही लाकर छो दूंगा जहां तुम पहले थे, अगर हलत के साथ भी कि कहीं बदली है तो इसमें भी बदल रहा है, और जब किशी की मेहंदी बदलती है तो वो अपने लक्ष्य से भी फुरकत ले ही लेता है, और अगर फुरकत की तमना है ही तो खुद की फिरदत से जो बुरे हालत देखता है और दर्द से, दर्द की बातें कहु ये वो जरिया है जहां लोगे को ये महसूश होता है की वो अपनी मेहंदी को कभी छोडने नहीं वाले, बाल्की हमें उसके साथ रहेगे, और हमेश उसे आगे लेकर बढ़ेंगे, सिरफ बॉर्डर पर ही जंग नहीं होती, और सही में सिपाही नहीं होता है पर होते हैं, असलियत में हर हलत ये किशी जंग से काम नहीं, और हर साक्षी ये किशि सैनिक से भी कम नहीं है, बस इतना है कुछ अपने लिए जीते हैं तो कुछ अपने देश के जो मेरे लिए भी हो सकती है, पर तुम मेरे बेचार है, जिश साक्षी के सफर के बारे में आज में जो कुछ कहूंगा वो बातें पूरी तरह से सच है, ईश जिंदगी में जो अपनी मेहंदी मोहब्बत कर ले तोह बाद में होती, वो साक्षी पुराना हो जाता है, और उसे वक्त वो सब कुछ मुश्किल भी कर देता है जो उसे अपनी जिंदगी से कहां है।

जैसा कि खैरत किशी को नहीं होती की वो किशी ऐशी मंजिल का मुशफिर बन जाए जहां उसकी मुलकत सिरफ वीरान रहो से हो, प्रति अगर रस्तो में मुशीबत ना हो तो मंजिल की तरफ चलने की तमना भी कुछ गर्म है जो साक्षी मेहंदी करता है उसे काम्य कभी भी तय नहीं होता, गेरा कहने का मतलब ये है कि हम अपनी मेहंदी को भी थोड़ा वक्त देना छै, जिस वक्त अगर हम कामयाब भी मिले तो हमें कदरा है में ये भूल जाते की हम सिरफ अपनी मंजिल की और ही नहीं बढ़ाना है, बाल्की उसके बीच में जितनी भी मुशीबते आती है, हम उन सब का सामना करना होगा, ईश दुनिया कोई ऐसा होगा जो जाना नहीं है होगा, क्योंकि ये हर किशी को फरोघ की रिवायत चाये जिस्की वजाह सेर वो अपनी उम्र की जिंदगी को आराम से जी खातिर, कई बार तो हम अपनी मंजिल को छोड़ भी देते हैं, जहां कुछ ऐसा होता है। होना उस वक्त गुज़रती है, हरने की तो किसी स्थिति में दुनिया में किशी को नहीं है, हर एक इंसान एक दसरे इंसान को अपना प्रतियोगी समझौता है और एक दुसरे से जीते की लिए उस पूरे खेल को प्रतियोगिता, असलियत में हर दुनिया में वजाह से कभी कभी ये भी होता है की हम कभी

आगे बढ़ ही नहीं पाटे अपनी जिंदगी में, इरश्या कोई साक्षी नहीं है, न ही किशी की कहत है, बस ये वो रंजिश है जो फरोघ की तालीम इसके है |

जिंदगी में अगर दर्द सेहने की आदत हो गई ना तो वो आपकी फिदरत बदल कर रख देती है, क्योंकि ईश दुनिया में हर वक्त की एक खैरता होती है जो ना मिले तो सही वक्त पे वो उसकी कहत भी बदल जाती है की सोच अलग हो सकती है पर जब वही बात फिरोग में समिल हो जाए तो उनकी आदत भी एक जैसी लगने लगती है, लोग जब जिंदगी में हर जाते हैं तो सच को एक वजाह मिल जाती है , एक तनहाई के आलम में खुद के आस्युं को कहने की, जो इंसान को उस वक्त सिरफ तोड कर नहीं रक्तती बाल्की उसे खुद से अलग भी कर देती है, मैं ये नहीं कह रहा हूं, उसमें बहुत दर्द मिले तो वे ज़रुर कहना चाहता हूँ की जो आपको कहने वाले हैं, जिनसे आपका वजूद है आप उसे तो बतायो, फिर कोई तालीम नहीं है आने की, बश ये एक वजाह है उस वक्त काम की ये सुख नहीं देती क्योंकि उस वक्त भी इसे और ज्यादा तलाश रहती है।

ठीक अगर अब खैरत और आगे बढ़े जाएं तो उस साक्षी की कहानी से हम सब डर हो जाएंगे जिसके लिए कभी हर नहीं मणि, वो भले ही टूट गया था अपने रास्ते में, तब कभी कभी चला कभी नहीं चुके थे, पर वो फिर भी आगे बढ़ता रहा, खुद की खामोशी को सेहते हुए वो अपनी रहो में आगे बढ़ता गया, भले ही उस वक्त उसके बाद उसके हलत कुछ ठीक नहीं फिर भी उसे कभी हर नहीं। वैसा में आप सब को एक रहश्या से वक्किफ करवा दन की जिश साक्षी के बारे में आप सब को बताने वाला हूं वो एक एथलीट है, जिन्होन नेशनल भी खेला वो भी हाई जंप में और हमारे भारत का प्रतिनिधित्व करता है।

"लड़ाई

की परचाई

तब साथ छोड

डेटी है

जब हम खुदी

कि

पेचन को

भूल जाटे है"

"भले ही

और यहाँ

की तालाब

हो राशन में

प्रति टीयू

अपनी परचाई मट्ट

भूली
ऊ
बंदेया"

"गिराने वाले तुझे
बहुत आयेगा
तेरी ज़िंदगी
मुख्य
प्रति उनकी राहे
तो कभी:
मैट हसील
कर
ऊ
बंदेया ......"

"

झकम भाले
ही गेहरे
हाई
प्रति संघर्ष
की उड़ान
अभी बक्की
है"

2

आत्मा के साथ संघर्ष

मैं कहता हूं सपने देखने से सिर्फ पूरे नहीं होते बाल्की उसकी एक बनियाद भी होती हैं, अक्सर लोग ये भूल जाते हैं की हमारी जिंदगी के असली लड़की ही दर्द से होता है यही रहता है, हम ईश जिंदगी में हर तरह से सिरफ भगने की कोशिश करते हैं, क्योंकि रुकना तो इसकी महफिल मनेर है ही नहीं, और अगर गल्ती से भी रौक गए इसकी शिद्दत से अलग होकर

तो बदल में जो है मेरे लिए जाति है, जहां होंगे ही खामोशी के आगन होंगे पर खुशियों की महफिल नहीं, उस वक्त खुद को जिश चारे दीवारो में हम महसूश करेंगे वो असलियत से काफी दूर होगी, यहां कोई नहीं और बहुत में वही कामजूरी बाद में एक जुर्म सवित करदी जाति है समाज की अदालत में, कोई नहीं कहता कि हम कामजूर रहे खुद की नजरों में, ये कि और की नजर में, पर क्या सच में जिंदगी में इसकी तालीम भी तबी जब कोई सख्स किशी रह पर चलता है, भले ही वो अकेले चले ये किशी के साथ में, खैर अपने अल्फाजो मदद से ही में उस वक्त आपके कभी कभी नहीं आता ही अपनी जिंदगी में कभी नहीं हरा। तो ये हकीकत उत्तरप्रदेश की जहां ठाकुर परिवार में एक आइश साक्ष ने जनम लिया जिसकी सोच बिलकुल उस खुदा की परवाज की तरह है, वैशे उस सक्ष का नाम अजय ठाकुर है, जिसमें मैं हूं, हूं। जो की पेश से एक ऑटो-चालक है, बचपन की उड़ान जब पक्की हो तो आगे जकार जावानी में उसे उम्मीद और भी गहरी हो जाती है, अगर साक्षी ने ये तय कर लिया है की मुझे अपनी जिंदगी में सोच भले ही आगे जकार रुक सकती है

, प्रति उसके कदम कभी नए रुकेगे, ऐश ही कहानी हमारा अजय ठाकुर की है, क्योंकि बचपन ने उन ने भी नहीं सोचा था की वो एक आइश साक्ष बनेगा जिसकी उम्मेद से ही के लोग उनसे आगे होंगे जकार हो उसके दूर नहीं भागा अगर आपके सपने सच हो तो में जिश साक्षी के बारे में उनके बारे में कुछ ज्यादा तो नहीं जनता प्रति मेरे ख्याल से मैं जीता भी जनता हूं उसमे, एम ये ने अल्फाज बिलकुल सच है उनके बारे में, अजय ठाकुर जब अपने स्कूल टाइम में थे तबी उन्होन ये सोच लिया की किशी क्ले लिए कुछ करू कहे न करू प्रति अपने देश के लिए कुछ जरूर करूंगा। में खुद की उम्मीद को हर समय परवाज देता हूं उसी तरह मेरे सपनों में भी एक परवाज की तालीम जरूर होनी चाहिए। इसलिये उन्होन ने हाई जंपिंग करने का सोचा वो भी अपने स्कूल टाइम।

में जिश साक्षी के पास बेशुमार शिद्दत हो ना तो उसे किशी और चीज की बाद में जरूरी नहीं पार्टी वो भी अपने सपने को आगे बढ़ने के लिए, जिश दर्द को उन्होन ने उस वक्त एक शाद कहा था सब के सामने साहिल करता हूं। जब अजय ठाकुर कक्षा 12वीं में थे तबी की ये बात है जब उन अपने स्कूल की तरफ से ऊंची कूद प्रतियोगिता में भाग लिया था, जहां और भी के लोग थे जिन्होने ने भाग लिया था पर जो उम्मेद सूरज के पास है नहीं कर सकता, उशी तारह जिश सूरज की चमक उस दिन अजय ठाकुर के पास थी वो किशी के पास नहीं थी, जिश दिन ये प्रतियोगिता चल रहा था उस दिन वो अपने ही स्कूल में प्रतीक्षा कर रहे थे, ले तो इसका मतलब ये नहीं की वो कभी लौट कर नहीं आएगी, क्योंकि इसका मतलब तो ये भी हो सकता है कि वो वक्त आपके हलत देख कर भले ही झुक छुकी है पर क्या पता फिर वो आपके पास जाएगा अपन लक्ष्य तबी पता है जब उसके सारे रास्ते बंद कर दिए जाते हैं, क्योंकि आजकल और हेरों में ही रोशनी की झलक देखने को मिली है, उस समय अजय ठाकुर को ये बात पता नहीं थी जिस पर वह खराब है प्रति उसकी खैरत अभी कुफी छोटी है, को बाल ये बातें में क्यों कह रहा हूं वो आप खुद ही देख रहे हैं कि आखिर आयशा कौन

सा हडसा हुआ उस दिन, जिसके कारण से मेरे अल्फाज अभी अपने सोच बदल रहे हैं, मुझे उनकी उमरा नहीं है और , प्रति हा एक में ये जरारा कह सकता हूं की उस दिन जो हिम्मत उन्होने ने देखा थी वो हिम्मत उस साक्षी में आज भी कहीं न कहीं कायम है, तो उस दिन हाडसा ये हुआ की जब वो स्कूल मैदान में अभ्यास के लिए तबी समय वक्त उनका पऊ दो गाड़ो के बीच में गया जहां जमीन इतना स्लीपरी था उस वक्त की जो त्वरण थी वो भी कॉफी तेज

थी जिसके कारण से उस वक्त उनका दायां एंकल फ्रैक्चर हो गया, वो भी प्रतियोगिता के एक घंटे पहले, अगर उस वक्त वो नॉर्मल फ्रैक्चर हो गया तो सैयद प्रतियोगिता के पहले ठीक भी हो गया पर उस दिन वक्त सयाद किस्मत की एक रंजिश ही सबसे दुख की बात ये थी उनका डायन जोड़ी ही घायल था जो उस वक्त उनके लिए कफी दुख की बात थी, क्योंकि जब वो कूदते थे तो अपने दाहिने पैर को ही आगे करते थे जो की कफी मुश्किल में मैं तो होता है जो अपनी जिंदगी में कभी हर नहीं मानता, वो साक्षी भी कुछ आयशा ही है, जिसे उस वक्त अपने दर्द को छोडकर अपने सपने को आगे बढ़ने के लिए उस वक्त भी, बनाया है भी उसमें इत को नुक्सान नहीं पौंचा सकता, और उस वक्त उनके पिता जी ही उनकी बुनियाद थे जिन्होन कभी उन हर मन्ना नहीं सिख।

अगर वो साक्षी उस वक्त हर जटा तोह सयाद आगे जकार वो कभी भी आने पाव प्रति खड़ा नहीं रह पाता, क्योंकि मिडिल क्लास फैमिली की प्रॉपलम ये होती है की ना तो जलदी किशी से जलदी हर माने है, और कभी में कभी भी मैं रत् थे है, उनकी जो सोच होती है वो हमा खुद को आगे बढ़ने की ना की कभी खुद को पीछे बढ़ाने की, क्या होता अगर उस दिन वो अपने दर्द की तरफ अपनी मेहंदी को छोड़ने वालों की, लेटा, तो उसमें खुद की नफ्स भी उन हर वक्त ये ही पुचती की, एक दर्द की तालीम ही तो थी, और तू अभी से हर गया, हमारी जो खुशी होती है न वो हम बहुत छोटी चीज है, कुछ भी नहीं मिला ही कुछ बड़ा करने की रिवायत करते हैं, पर जो करते हैं पूरी शिद्दत से करते हैं और आगे जकर वही चीज हम बड़ी लगने लगती है। एन सब के बाद जब उन अपने कोच को सब बात बतायी, तब उनके कोच ने उन कुछ भी नहीं कहा उस वक्त, बश उन लेकर गए और उनके पऊ में डबा लगायी और लाल पट्टी बंद कर ये हर अब सिरफ है गया वो भी ईश छोटे से दर्द की वजाह से तो तू अब जकार कभी भी खुद से नजर नहीं मिला पाएगा, ये सिरफ एक प्रतियोगिता नहीं है बाल्की एक अहंकार है, जो तुझे जीतने पर ही मिलेगा, और जो तुम्हारे लिए के लिए एक संतुष्टि भी |

जिंदगी में अगर आज हमर खुशियां मिलती है तो उसमें छोटे पालो से मिलती है, और हम मिडल क्लास फैमिली से हमारे दिल बाद में टूट गए हैं और सपने पहले, तो सोच मत और लेने के लिए। उसके बाद ना तो उन्होन उस वक्त कुछ सोचा न ही उस वक्त सोचने की कोई इनायत सामने दिख रही थी, जब वो आज भी ये बात बताते हैं ना तो हमारे रौंगते खड़े हो जाते हैं, क्योंकि यह उनके लिए सही है इंसान उस वक्त अपने जोड़े पर खड़ा भी नहीं हो सकता था, पर क्या करे कुछ लोग ईश दुनिया सिरफ जीते के लिए ही बने हैं, और ऊपर

से उनके नाम में भी कुछ ऐश इन इनायत जो बचपन से ही उन लोगों के लिए दिख गई थी। उसके बाद क्या था उन लोगों ने भी कुछ नहीं सोचा और जैशा की उनके कोच ने कहा था, उन लोगों को वक्त बिलकुल वैशा ही किया, और सीधे कुड़ गए एक ऐश आगा में जहां निकलने के तो के लिए हम पर हमारे लिए थे। ही तारीका सामने दिख रहा था उह वक्त, और वो ये था की ये उस दर्द को भूल जाए जो तुमे आए नहीं बढ़ने दे रहा, ये तो उस सपने को जो तुम्हें आगा जकर एक कामयाब इंसान। पता है कितने हीं देखा कितना भी खुश क्यों न दिखें सामने से पर उसके पीछे भी आए, जो वो किशी के साहिल नहीं कर सकता, उस वक्त उस वक्त जल्दबाजी हुए यहां के पीछे कभी... दशहरा कोई और नहीं देख सकता था।

एन सब के बाद उन्होन ये बात सोच ली थी की अगर आज कुछ रुक गया तो सयाद सच में कभी आगे नहीं बढ़ूंगा, इसलिये उन्होन उस वक्त बनने जोड़ी से ही जंप किया, क्योंकि वो वहां वक्त में नया ही था जोड़ी से कूद कर खातिर, उस दिन जब वो प्रतियोगिता खतम हुआ तो सबकी निगाहे उस साक्षी पे थी क्योंकि हमा खुद को सवित किया की उसके आगे कोई और नहीं जो इस तरह से खेल खातिर ना भले ही प्रतियोगिता में लोग कितने क्यों ना हो पर उन सब में सबसे अच्छा कोई एक ही होता है, और उस दिन सबसे अच्छा एक ही सच था मैंने उनके बर्रे में सुना है, खैर आगे की बात बताता हूं जब उन किया था रैंकिंग तीसरी आई थी, और जंपिंग में उन्होने ने 7 मीटर तक चलंग शादी थी, जो की उस वक्त एक राष्ट्रीय रिकॉर्ड केले से कुछ ज्यादा दूर नहीं थी, वो कहते हैं न सिंह कहां कितना भी घायल क्यों ना हो जंगल का वो तबजा भी कहलाता है, और उस दिन रैंकिंग बदली थी किस्मत नहीं। एक सही एथलीट वही होता है उर कामयाब भी जब वो अपने बुरे हलत में खुद को स्थिर रख खातिर क्योंकि अच्छे हलत तो उनके लिए बने हैं जो दरपोक होते हैं, उनमे वो सहश, वो शिद्दत कभी नहीं मिलती है। की नादियों में खुद के आस्युन तक सुख जाते हैं एक एथलीट बनने में, स्ट्रगल के रिकॉर्ड टूट जाते हैं एक एथलीट बनने में, और सबसे बड़ी दीक्कत तो ये होती है की अगर आपकी आर्थिक कमजोर नहीं तो जिंदगी बिलकुल , और किशी के कानो से अभी ये नहीं सुना होगा की किशी रिच फैमिली से कोई एथलीट बना है, ये किशी ने आर्मी ज्वाइन की

ये कोई शहीद हुआ है, जान को हटेली प्रति रख कर एन सब को करने के लिए एक एथलीट। वे सब के बाद अजय ठाकुर के जो हलत थे वो थोड़े बदले वाले थे, और आइश बदले वाले थे जहां उन्हे वक्त खुद की उम्मेद भी एक तख्युल शि महसूश हो रही थी, रिवायत जरार हो गई थी। अब उनकी जिंदगी में एक ऐसा मूर आने वाला था जहां उनके सपने की उड़ान थोड़ी कमजूर होने वाली थी, प्रति आय कौन सा मोर था ये तो वक्त के साथ ही पता चलेगा।

.

"वो कहते हैं

हाई

सपने

वो उम्मेद

मूल स्टोलन

है खुदा
की इनायत
को
भी मजबूर
कर देती है |”

.

“हालात
इच्छा किटनी
भी बुरे हो
प्रति
तू रुकना
मैट
मंजिल तुझसेह
कितनी भी दूर हो
प्रति टीयू
राहो में
ठकना मत्ती
हा भले
केय आयेंगे
तुझे गिराने
तेरे रास्ते में
प्रति तू कभीः
उनकी सोचा से
डरना मैट |”

“ जिंदगी
में जब
तक
दर्द कि
तालीम
परेशानी
ना हो
टैब तकी

कामयाबी
भी सिरफ एक
ख़्वाब
ही
होती है।"

"

सियासती
की तमन्ना
नहीं है
हमे
बैश बादले
मुख्य
कामायबी
केई डू
पाल दिखो
जाए
वही कफी है।"

3
कर्म प्रेम है

Enter Caption

कर्म कहते हैं जब जिंदगी में सब सही चलता है तो उसी वक्त कुछ हद से ऐसे भी हो जाते हैं जिन्की सोच भी किशी के सपनों को बरबाद कर देती है, और अक्सर लोग उस वक्त हार भी जाते हैं और कुछ नहीं कहते हैं इतने पर निर्भार है, ह किशी की बुनियाद किशी न किशी साक्षी से ही होती है जो उनकी जिंदगी में खुशियां लता है, उन्हे वो शाद की तालीम मुश्किल करवाता है जिस्का इंतजार वो आए दिन से करता है मजाक बना दे, और आपको हवन बनने पर मजबूर करदे तो फिर क्या होता है? और जब कोई साक्षी आपके विश्वास का गला घोट दे जिस्की लिए अपने खुद की मेहंदी को भी बीच दिया है, आपकी वो मेहंदी जो केई सालो के बाद पूरी होती है, और वो कामी जिसे पूरी जिंदगी में एक वक्त आपको कैशा महसूश होगा? संजय ठाकुर की जिंदगी में कुछ आयशा ही मोर आने वाला था जहां उनकी मेहंदी कमजूर नहीं परी बल्की उनके सपने कमजूर पर गए थे, उनके हलत कुछ आयशा हो गए थे जहां वो खुद के लिए वजूद थे। अपने रिश्ते, अपना प्यार, अपनी जिंदगी तक को भी, पर खुद के सपनों को वो कभी नहीं भूल सकता, क्योंकि जो सपने मिडिल क्लास में देखे जाते हैं वो सिरफ उनके

सपने नहीं होते, उनकी जो उन होती बार है दिलती है की तू अभी कमजूर नहीं, तेरी जिंदगी अभी खतम नहीं हुई बाल्की तुझे अभी और भी काई साल जीना है, मेहंदी करनी है और आगे बढ़ना है। खैर इतने अल्फाजो की तालीम तो नहीं थी ईश वक्त पर दर्द की खैरत कुछ ऐसी है की में खुद के जज्बात संभल न पा रहा, तो जिश साक्ष के साथ ये हादसे की रंजिश हुई है क्या?

खैरत कुछ ऐसी है की में खुद के जज्बात संभल न पा रहा, तो जिश साक्षी के साथ ये हडसे की रंजिश हुई है, उस साक्षी का क्या हाल हुआ होगा? चले देखते हैं। उस दिन के बाद भी ही अजय ठाकुर, उस रैंक से संतुष्ट नहीं थे, पर ना खुश की भी कोई बात नहीं थी क्योंकि उन्होन अखिर कर तीसरी रैंक परेशानी किया था उस प्रतियोगिता में, प्रति उने क्या पता था की उन जिश 3 है वही उनकी जिंदगी का आगे जकर एक स्थिर रैंक बैंकर सामने आएगा, मेरा मतलब है उस दिन हादसा कुछ ऐसा हुआ की, जब उन लोगों के लिए प्रतियोगिता को पूरा किया और सब हदसे को भूलकर जब वो अपने घर में तबी वहा था उनके पिता जी का कफी अच्छा दोस्त भी था, जिसके नाम की तालीम तो उस बगबान से मिली थी पर उसकी सोच दानवो जैसी थी मैं ये बातें घुमा कर क्यूं बोल रहा हूं वो आप खुद ले। जब अजय ठाकुर उस दिन घर गए तब वो साक्षी उस वक्त एक मकसद से आया था, मेरा मतलब है उसे कुछ पैसे दिए थे, इसलिय उसे उनके पिता जी अनिल ठाकुर से कुछ पैसे की, 1. जो मांग की, फिर भी दोस्ती के लिए उन लोगों को नहीं, क्योंकि मिडिल क्लास के कुछ ही पता है कि फिर भी दोस्ती के दरवाजे पर आता है तो वो खली हाथ नहीं जाता, और हम हर जग खुशियां बोलने की कोशिश करते हैं ना की किशी की खुशियां चीन ने कोशिश करते हैं, फिर क्या था उनके पिता जी सोचा ना तो कुछ

ही कुछ कहा, बश किशी भी तार से उन्होन वो पैसे खुद के दम पर लाख दे दिए। प्रति उन क्या पता था की जिश सख्स वो अपना दोस्त माने है वो दोस्त नहीं बाल्की दोस्त की सकल फरेब का देवता है, जिसी सोच भी एक रंजिश ही होती है, और इंसानियत का गला घुटने से, उस तब से उन लोगों ने यह कहता है कि वो जल्द ही लौटेगा, जब कोई सख्स अपने मेहंदी के पैसे किशी और को देता तो उसे रात भर नींद तक नहीं आती क्योंके उन्ही पैशों को कमने के लिए उसे भी , केई नीन्दो को उड़ा, कर भुके पेट सोकर, सिरफ दिन में के ही वक्त का कर और बहुत मेहंदी के बाद वो पैसा जमा होता है, असलियत में वो सिरफ पैसे नहीं होते, उनके सपने नहीं होते हैं। उन पैसों में कहीं न कहीं सिमती रहती है बिलकुल किशी नन्हे बच्चों की मुस्कान की तारह, और जब भी नफ्स कोई आपसे डर लेकर चला जाए, और उसके लौटने की कोई आशा न हो तो उसश का क्या होगा कभी किशी ने सोचा है? ये वक्त बीता, और हलत आइश आ गए थे की अब अजय ठाकुर के परिवार को उन पैसों की जरूरत थी, इसलिय उन लोगों से वो पैसे मांगेंगे, प्रति उस साक्षी ने ये साफ ईश बात से ये भी उसमें की उनसे, मेरा मतलब है जब वो उसके पास अपने पैसे मांगे गए तब उसे बोलाकर माना कर दिया की आपने मुझे पैसे दिए ही कब है, और किश वक्त की आप बात कर कोई है, और मैंने आपसे

कब है तो देखना अनिल जी। कह ले, 1.50 लाख

कोई आम बात नहीं होती मध्यम वर्ग में, क्यों के सपने तोने भागे हैं तब ये जकार हम में मुश्किल होती है)। प्रति एक बात आज भी एक रहस्य की तरह मेरे जहान में जिंदा है की उस सख्स ने जो उस दिन सब कुछ अपना हर चूका था, उस सख अपने दर्द को उसके आगे जहीर तक नहीं किया था जिसे हमने एक ही में रखा था। , आयशा नहीं था की वो लडना नहीं जानते थे, ये ऐसा भी नहीं की वो लड़ नहीं सकते थे, पर आइशी भी क्या बात थी कुछ वहां कुछ जहीर ही नहीं कि क्या उस दिन ऐशी भी कौन था वह बात थी सामना तक नहीं करना चाहते हैं, सब के बाद जो फिरेब की हवा उह दिन चली थी वो आगे जकार कर्मा की पहचान बन गई थी। एन सब के बाद जो सपने उस दर्द ने तालीम में देखा था, क्या वो सपने आब पूरे हो पाएंगे ये अधूरे ही रह जाएंगे उनके ख्वाब की तरह।

आपकी कहानी अभी तक नहीं हुई बाल्की अभी तो एक सुरूरत हुई है उस कर्म की जो श्याम के साथ हुई, क्योंकि वो कहते हैं न इंसान अपने गलत कामो का पछताव इशी जिंदगी में रह कर करता है के लिए दर्दों को बाश सेह रहा है तो इसका मतलबा ये नहीं के उसके साथ कोई नहीं है, कर्म ईश जिंदगी का वो यमराज है जो किशी के साक्षी के कुछ गलत नहीं होने देता है, अगर अपने कुछ कुछ तो फिर आप ही के पास उसी सेहरे में वापस आयेगा। श्याम के साथ भी कुछ आयशा ही हुआ पर कुछ अलग तारिक से, आगे क्या हुआ कैसा हुआ और एन सब के बाद तो अजय ठाकुर की जिंदगी में कुछ रास्ता में ही पता चलेगा।

"फरेब

की बातो

मुख्य

भरी महफिल

मुख्य

जुर्म

का हकदारो

बन्नी

चुका हू

और हा

कुछ

लॉग

हाई जो

मुझे

आब भी

मितान

कहते हैं

प्रति
उन्हे क्या
पाटा
आब में
ऊँकी
सियासती
केए
शहरयारी
बन चुका
हुन।"

"हैम मध्य
कक्षा एसई
है जनाब
हमरे
दिल
नहीं सपने
टूटो
थे हाई।"

"ठक चुका
हाई
मान
अब कोई तोह
राह दो
मंजिल कि
सफर में
एएबी
कोई तो छाऊ
करना
में फिरो
चालुंगा
में फिरो
बधुंगा
अपनी

धड़कन:
को थाम
कर."